SMART
TRAVELLING

EIN PERFEKTES WOCHENENDE IN ...
PARIS

www.smart-travelling.net

LIEBLINGSADRESSEN IN PARIS

Hotel: Hôtel du Petit Moulin
29/31, rue de Poitou, 3^{e}
Tel: 0033 (0)1 42741010
Seite 8

Hotel: Hôtel Bourg Tibourg
19, rue du Bourg-Tibourg, 4^{e}
Tel: 0033 (0)1 42784739
Seite 16

Hotel: Windsor Home Paris
3, rue Vital, 16^{e}
Tel: 0033 (0)1 45044949
Seite 22

Restaurant: Le Relais de Venise
271, Boulevard Pereire, 17^{e}
Tel: 0033 (0)1 45742797
Seite 28

Restaurant: Chez Omar
47, rue de Bretagne, 3^{e}
Tel: 0033 (0)1 42723626
Seite 38

Restaurant: Aux Lyonnais
32, rue Saint Marc, 2^{e}
Tel: 0033 (0)1 42966504
Seite 44

☞ Weitere Adressen finden Sie unter www.smart-travelling.net

Restaurant: Chez Casimir
6, rue de Belzunce, 10e
Tel: 0033 (0)1 48782880
Seite 52

Restaurant: Chez André
12, rue Marbeuf, 8e
Tel: 0033 (0)1 47205957
Seite 62

Café: Ladurée
18, rue Royale, 8e
Tel: 0033 (0)1 42602179
Seite 70

Bar: Le China
50, rue de Charenton, 12e
Tel: 0033 (0)1 43460809
Seite 76

Shop: Comptoir de la Gastronomie
34, rue Montmartre, 1er
Tel: 0033 (0)1 42333132
Seite 82

Gut zu wissen
Tipps, Ausflüge, Spaziergänge
Seite 89

Café de Flore
E FLORE
Rhona Bitner

PARIS: MON AMOUR

Paris ist immer wieder Ort atemberaubender Grandezza, mit seinen stolzen Bauten, eleganten Avenuen und der majestätischen Seine, die einem Urstrom nicht unähnlich ruhig dahinfließt. Zugleich ist Paris aber auch Stadt poetischer Erinnerung. Zwischen den großen Gesten dieser Stadt, inmitten selbstbewusster Geschäftigkeit blitzen melancholische Bilder auf, die wie Sedimentspuren an das große Pariser 19. Jahrhundert erinnern. Nicht die eingängigen Momente politischer Geschichte sind gemeint, sondern vergangene alltägliche Rituale, Umgangsformen, Lebenshaltungen. Artige Kinder setzen in den Tuilerien kleine Schiffchen ins Wasserrondell, stolze ältere Damen im eleganten Kostüm begleiten steifgebürstete Pudel ums Eck, in den großen Cafés herrscht so etwas wie Etikette. Es sind Relikte einer endgültig vergehenden Zeit. Anrührend schimmern sie hinter dem Treiben einer vitalen Großstadt, die um den Anschluss an das globalisierte Weltgeschehen bemüht ist.

Djuna Barnes, die große Schriftstellerin der ,lost generation' und lustvolle Parisbewohnerin, bringt das stolze Selbstverständnis der Stadt in den 20er Jahren auf den Punkt: „Kein Mensch untersteht sich, eine feste Ansicht von Leben, Liebe oder Literatur zu hegen, ehe er in Paris gewesen ist." Die Erklärung dafür liegt auch heute noch gewissermaßen in der Luft.

HÔTEL DU PETIT MOULIN

Die Straßenecke im Marais, an der dieses Hotel liegt, ist so unaufgeregt, wie das Konzept des Hôtel du Petit Moulin extravagant ist. Hinter der Fassade zweier benachbarter historischer Gebäude aus dem 17. Jahrhundert verbirgt sich ein wahres Kleinod, versprüht ein atemberaubendes Feuerwerk verschiedenster Materialien und Stilelemente barocke Eleganz und aufregende Intimität gleichermaßen. Es ist der Modedesigner Christian Lacroix, der die Seele dieses Hotels samt seiner 17 Zimmer geprägt und gestaltet hat. Der goldfarben hinterlegte Schriftzug auf der denkmalgeschützten Fassade verweist auf die vormalige Nutzung des Eckgebäudes als Boulangerie, in der immerhin schon Monsieur Victor Hugo sein Baguette gekauft haben soll – glaubt man den Geschichten, die im Quartier erzählt werden. Neben dem Treppenhaus aus dem 17. Jahrhundert wurden auch die wunderschönen Wandmalereien im Eingangsbereich der ehemaligen Boulangerie erhalten und nun wird anstatt knuspriger Croissants der Zimmerschlüssel über den Ladentisch gereicht. Und atemberaubende, detailverzückte Welten öffnen sich, wie sie unterschiedlicher nicht sein könnten: ein ganz im Esprit der 60er Jahre gehaltenes Ensemble inklusive verspiegelter Zimmerdecke, ein in Rot schwelgendes barockes Interieur samt passendem Bildprogramm oder ein von Schwarz-Weiß-Tönen dominiertes Refugium. Nichts für Minimalisten! Allen Zimmern gemeinsam sind luxuriöse Bäder und modernste technische Ausstattung.

Hôtel du Petit Moulin Adresse: 29/31, rue de Poitou, Paris, 3[e]
Tel: 0033 (0)1 42741010 Internet: www.hoteldupetitmoulin.com
Preise: DZ ab 190 Euro, Frühstück 15 Euro

Ein Gespräch mit Madame Murano

Inhaberin des Hôtel du Petit Moulin

Wie kamen Sie darauf, Christian Lacroix mit der Gestaltung des Hotels zu betrauen?

Es ist jetzt etwas in Mode gekommen, Designer mit der Dekoration von Hotels zu beauftragen. Jedoch als wir Anfang 2005 nach zwei Jahren des Umbaus eröffneten, war dies eine Nouveauté. Lacroix lebt selbst im Marais und wir hatten großes Vertrauen, dass er die historischen Gegebenheiten der Gebäude mit überraschenden und zugleich eleganten Elementen zu einem Gesamtkonzept verknüpft. Entstanden ist ein modernes, intimes Hotel, das den paradoxen Charakter des Marais widerspiegelt: ein vitales Patchwork verschiedenster Einflüsse und Prägungen.

Haben Sie ein Zimmer, das Sie besonders lieben?

Jeder der Räume hat seinen eigenen Charakter. Nein, ich glaube, mich sprechen alle Gestaltungen gleichermaßen an. Es gibt allerdings Stammgäste, die immer wieder ein besonderes Zimmer beziehen möchten, das ihnen gut gefallen hat. Wir haben viele Gäste aus der internationalen Modebranche.

Kommt es vor, dass neue Gäste eintreten und Sie sie augenblicklich in einem bestimmten Zimmer sehen?

Nein, eigentlich nicht. Aber ich würde vielleicht einem älteren Ehepaar nicht unbedingt das verspiegelte Zimmer offerieren.

29
BOULANGERIE
PAINS
FRANÇAIS
VIENNOIS
SEIGLE
ET
GRUAU

HÔTEL BOURG TIBOURG

HÔTEL BOURG TIBOURG

Betritt man das Hotel, ist man augenblicklich von seiner dichten Atmosphäre eingenommen. Neugotisch hat Jacques Garcia, einer der angesagtesten Pariser Inneneinrichter unter anderem auch der Geschäfte von Ladurée, den Stil genannt, mit dem er dieses Hotel im Herzen des Marais zu einem feinen Refugium machte. Zusammen mit seinen orientalischen Farben, schweren Vorhängen und voluminösen Bettüberwürfen ist dieses Hotel der Inbegriff des Hôtel Boutique. Wie an einen geheimen und luxuriösen Ort zieht man sich hier zurück, wird umfangen von raffinierter Sinnlichkeit und entspannter Behaglichkeit. Kaum ein Hinweis auf der Straße gibt Auskunft darüber, dass sich hinter der schönen Fassade ein Hotel verbirgt, dessen aparte Mischung aus Orientalismus und Neogotik wohltuend überrascht. Geführt von Karen Costes, ist das Hotel im Besitz der Familie Costes, die in Paris weitere legendäre Orte wie das Hotel Costes geprägt hat.

Hôtel Bourg Tibourg Adresse: 19, rue du Bourg-Tibourg, Paris, 4[e]
Tel: 0033 (0)1 42784739 Email: hotel@bourgtibourg.com
Internet: www.bourgtibourg.com Preise: DZ ab 250 Euro, Frühstück 16 Euro

☞ Geheimtipp: Hôtel Amour

Eine preisgünstigere Alternative aus der Costes-Familie: Das Hôtel Amour mit 20 individuell designten Zimmern in einer ruhigen Straße im 9. Arrondissement. Dazu gibt es einen kleinen charmanten Garten zum Frühstücken und eine Bar, die auch unter den Parisern sehr beliebt ist.

Adresse: 8, rue Navarin, Paris, 9ᵉ, Tel: 0033 (0)1 48783180
Email: hotelamour@hotmail.fr, Internet: www.hotelamourparis.fr
Preise: DZ ab 155 Euro, Frühstück 12 Euro, Specials über die Website

WINDSOR HOME PARIS

Das Windsor Home Paris verfügt über acht großzügige Zimmer, die individuell im französischen Stil mit einem Hauch von Pomp und einiger Eleganz eingerichtet sind. Schönes Parkett, eine angenehme Farbgestaltung und ansprechende Details machen dieses Hotel zu einem Refugium inmitten der Großstadt Paris. Man meint den Charme eines sehr privaten Hauses zu spüren: als sei man zu Gast bei einer entfernten, nicht unvermögenden französischen Verwandten, die zurzeit leider außer Haus ist, aber doch freundlich dem Reisenden Hausschlüssel und Dienste der Hausangestellten zur Verfügung stellt. Bei schönem Wetter wird das leckere Frühstück im kleinen Garten auf französischen Tischchen serviert. Die Lage des Hotels ist absolut ruhig, in einer kleinen Seitenstraße gelegen, durch die morgens höchstens gut angezogene junge Herrschaften hindurchhasten, die ihre ebenso gut angezogene Nachkommenschaft im Buggy zur nächsten Krippe bugsieren. Der Sohn des jetzigen Eigentümers führt das Haus, das 2007 renoviert und mit schönen und originellen Bädern ausgestattet wurde. Auf Wunsch werden nicht nur Abendessen im Garten arrangiert, sondern auch Reservierungen für den abendlichen Theaterbesuch übernommen. Wen wundert es, dass es darunter zahlreiche treue Gäste gibt, die den privaten Charakter und persönlichen Kontakt immer wieder zu schätzen wissen: daher sollte auf alle Fälle zwei Wochen vorher reserviert werden.

Windsor Home Paris Adresse: 3, rue Vital, Paris, 16e
Tel: 0033 (0)1 45044949 Internet: www.windsorhomeparis.fr
Preise: DZ ab 120 Euro, Frühstück 15 Euro

☞ Hotel Thérèse

Das Hotel Thérèse ist ein guter Tipp in mittlerer Preisklasse und besticht durch seine zentrale Lage unweit der Opéra. Das Haus ist stimmig und geschmackvoll gestaltet, die Zimmer wirken frisch und sehr gemütlich. Und das Frühstück kann man entweder bequem im Bett, im Frühstücksraum oder im Muscade Salon de Thé einnehmen, der nicht weit zu Fuß im romantischen Garten des Palais Royal liegt.

Adresse: 5-7, rue Thérèse, Paris, 1er, Tel: 0033 (0)1 42961001
Email: info@hoteltherese.com, Internet: www.hoteltherese.com
Preise: DZ ab 165 Euro, Frühstück 13 Euro

Le Relais de Venise
son entrecôte

Le Relais de Venise®

LE RELAIS DE VENISE

Dieses Restaurant im ruhigen 17. Arrondissement ist ein Phänomen. Es gibt keine Karte und keine eingetragene Telefonnummer, nur ein einziges Gericht und keine Möglichkeit zu reservieren. Und doch oder gerade deswegen steht Tag für Tag eine Menschenschlange vor der Tür. In einem rührend altmodischen Dekor mit großen Blumenbuketts wird hier nämlich das beste Entrecôte der Stadt serviert. Wobei es eigentlich eher die sagenumwobene, köstliche *sauce à l'estragon* ist, die den Ruhm des Relais de Venise begründet. Sehr speziell: Der Hauptgang wird in zwei Schüben serviert, damit nichts kalt wird. Als Vorspeise wird ein kleiner Salat mit Walnüssen gereicht, zum Dessert steht eine erstaunliche Auswahl bereit, besonders zu empfehlen sind die *profiterolles au chocolat*. Die Gäste sind zum großen Teil Stammgäste, die von Lucienne, der Geschäftsführerin im kleinen Schwarzen, seit 47 Jahren persönlich begrüßt und zu ihrem Tisch geführt werden. Es ist ganz und gar überflüssig, die Generationen unglücklicher Köche zu erwähnen, die jene *sauce à l'estragon* zu kopieren versuchten.

Le Relais de Venise Adresse: 271, Boulevard Pereire, Paris, 17e
Tel: 0033 (0)1 45742797 Internet: www.relaisdevenise.com
Öffnungszeiten: Täglich 12.00 – 14.30 Uhr und 19.00 – 23.45 Uhr

Ein Gespräch mit Lucienne

Geschäftsführerin von Le Relais de Venise

Verraten Sie uns, ob es sich bei der Sauce um frischen oder getrockneten Estragon handelt?

Sie scherzen. Auch wenn ich es wüsste ... Aber niemand außer Madame kennt das Rezept und die Zutaten.

Wurde eigentlich etwas an der Einrichtung in den letzten Jahren verändert?

Alles ist so geblieben, wie es 1959 von den italienischen Vorgängern übernommen wurde. Natürlich ist ab und zu renoviert worden, aber nichts hat sich wesentlich verändert. Nur der Raum im ersten Stock mit weiteren Tischen wurde in den 70er Jahren ausgebaut.

Wie viele Bestellungen nehmen Sie pro Tag entgegen?

Am Abend ca. 420. Mittags nehmen wir um 14.30 Uhr die letzte Bestellung entgegen, am Abend um 23.45 Uhr. Danach nützt es nichts mehr, sich in die Schlange zu stellen.

Welchen Wein empfehlen Sie zum Entrecôte?

Wir haben auf unserer Karte eine bewusst reduzierte Weinauswahl: drei Rotweine, einen Roséwein, einen Weißwein und einen Champagner. Wenn ich gefragt werde, empfehle ich unseren roten Hauswein, den „Gaillac“ aus „Tarn“.

☞ Die legendäre Soße von Le Relais de Venise

Die Legende geht so: 1959 übernahm ein gewisser Ginest de Sours aus Toulouse ein unscheinbares venezianisches Eckrestaurant, briet Entrecôtes, zerschnitt sie in Streifen, legte selbstgemachte Pommes frites dazu und schuf in göttlicher Eingebung eben jene Sauce, deren Rezept bis heute strengstens geheim gehalten wird. Das Restaurant samt Geheimrezept wurde an eine von zwei Töchtern weitervererbt, die nun als Hohepriesterin alle paar Tage eintrifft, um unter Ausschluss jeglicher Zeugen die Estragon-Sauce zu rühren. Die Schwestern sind sich übrigens spinnefeind, was die andere nicht davon abhielt, ihrerseits ein sehr ähnliches Restaurant zu eröffnen. Den Rest besorgt ein eingespieltes Team loyaler Mitarbeiter. Die Erbfolge ist zum Glück durch eine Tochter und einen Sohn gesichert, die in London, New York und Barcelona weitere Restaurants eröffnet haben.

Entrecôte à la Relais de Venise

4 Personen

Das ist nicht das Originalrezept, denn das ist schließlich geheim. Doch die Redakteurin hat sich mit der Sauce intensiver beschäftigt – und das ist ihr Ergebnis:

600 g Rinderfilet bester Qualität
1 Bund Estragon
1/2 Bund Petersilie
– das Relais de Venise benutzt wahrscheinlich getrocknete Kräuter, wir bevorzugen dagegen frische –
2 Schalotten, sehr fein gehackt
Olivenöl
1 EL guter, mittelscharfer Senf
1 guter TL Fleischfond-Rind
125 g Butter
Weißwein
1 Zitrone
evtl. 1 Eigelb
Salz, Pfeffer

Pommes für 4 Personen

Sauce:
Estragon- und Petersilieblätter mit etwas Olivenöl mit dem Zauberstab fein pürieren. Die Butter in der Pfanne schmelzen lassen und die fein geschnittenen Schalotten kurz andünsten. Das Ganze mit etwas Weißwein ablöschen. Nach ein paar Minuten mit dem Fond auffüllen, den Sie zuvor in einer halben Tasse heißem Wasser aufgelöst haben. Jetzt den Senf und das grüne Püree dazugeben und zum Schluss mit Salz, Pfeffer und Zitronensaft abschmecken. Wenn die Sauce zu flüssig erscheint, kann man sie noch mit einem Eigelb binden. Lassen Sie sie jedoch nicht noch mal aufkochen, sonst gerinnt das Eigelb.

Die Pommes eine halbe Stunde mit ganz wenig Olivenöl auf ein Blech kippen und im Ofen bei 180 °C backen, bis sie goldbraun sind – dann salzen.

Nun das Entrecôte auf beiden Seiten bei starker Hitze drei bis vier Minuten mit Bratöl auf eine Grillpfanne legen, so dass es in der Mitte noch rosa ist. Danach etwas salzen und mit der Sauce servieren.

CHEZ OMAR

Bei Chez Omar isst man vorzügliches Couscous, das Lieblingsgericht der Franzosen, das gleich an zweiter Stelle nach Entrecôte mit Pommes frites steht, in verschiedensten Variationen. Sehr zu empfehlen ist das „Couscous Royal" mit verschiedenen Lammvarianten, Merguez-Würstchen, Gemüsen, Trockenfrüchten und Honig, zu dem ein algerischer Rotwein wie Boulaouane oder Sidi-Brahim einfach wunderbar passt. Die Einrichtung des Restaurants ist einfach, aber nicht uncharmant, der Service ist aufmerksam und freundlich. Monsieur Omar führt die ehemalige Brasserie française seit 1979, seitdem haben sich weder die Karte noch das Interieur verändert. Die Gäste sind bunt gemischt, die Atmosphäre ist lebhaft und der Laden nicht nur von Leuten aus dem Quartier immer gut besucht.

Chez Omar Adresse: 47, rue de Bretagne, Paris, 3e
Tel: 0033 (0)1 42723626 Öffnungszeiten: Täglich 12.00 – 14.30 Uhr und 19.00 – 23.30 Uhr, Sonntag Mittag geschlossen

L'ŒUVRE
J'AIME BEAUCOUP CE QUE VOUS FAITES
UNE NUIT AU POSTE
OTARD

☞ Le 404

Wem das Restaurant Chez Omar eine Spur zu schroff erscheint, kann marokkanisches Essen ein paar Häuser weiter in einer etwas feineren Variante genießen: Das Le 404 verzaubert mit seiner Stimmung wie aus Tausend-und-einer-Nacht. Hier trifft sich szenigeres Publikum, um köstliches Couscous an langen Tischen auf einfachen Schemeln und bei guter Musik zu verspeisen.

Adresse: 69, rue des Gravilliers, Paris, 3[e], Tel: 0033 (0)1 42745781
Öffnungszeiten: Montag – Freitag 12.00 – 14.30 Uhr und 20.00 – 24.00 Uhr,
Samstag und Sonntag 12.00 – 16.00 Uhr (Brunch) und 20.00 – 24.00 Uhr

DUVAL-LERC
MAISON FONDÉE EN 1859
VERTUS PRÈS EPERN

AUX LYONNAIS

Betritt man das von außen unscheinbare Restaurant, ist man sogleich eingenommen von seinem Charme. Seit Ende des 19. Jahrhunderts werden hier Lyonnaiser Gerichte serviert – vor ein paar Jahren hat der Starkoch Alain Ducasse dieses Kleinod entdeckt und daraus eine sehr persönliche Hommage an die reiche Lyonnaiser Küche gezaubert. Die Gerichte sind einfach und raffiniert zugleich, so wie auch die Ausstattung der Räumlichkeit zunächst schlicht daherkommt, um dann sogleich schönste Details zu offenbaren. Es gibt herbe Wurstwaren der feinen Art, und ihre Präsentation auf derben Holzbrettern ist so einnehmend wie überraschend. In kleinen Creuset-Töpfen werden die Gerichte serviert. Alle sechs Wochen wechselt Chefkoch Fréderic Thevenet die Karte, um mit frischer Fantasie im Sinne des Meisters die Tradition der heimischen Lyonnaiser Küche immer wieder neu und auf schmackhafte Weise aufleben zu lassen.

Aux Lyonnais Adresse: 32, rue Saint Marc, Paris, 2e Tel: 0033 (0)1 42966504
Email: auxlyonnais@online.fr Internet: www.auxlyonnais.com
Öffnungszeiten: Dienstag – Freitag 12.00 – 14.00 Uhr und 19.30 – 22.00 Uhr,
Samstag 19.30 – 22.00 Uhr, Sonntag und Montag geschlossen

2005 Bourgogne Aligoté 5-15
2005 Bourgogne. Chitry 6-18
"Olivier Morin"
2005 Meursault "Limozin" 13-39
VINS ROUGES
2005 Beaujolais 6-18
2004 Côtes. du Ventoux 8-24
PRIX NETS

HENRI-LOUIS PERNOD

Ile flottante et tarte aux pralines roses

6 Personen

Die Teigzutaten vermischen. Sobald sich eine geschmeidige Masse ergibt, zu einer Kugel formen und in Frischhaltefolie einwickeln. Für die Crème anglaise die aufgeschlitzte Vanillestange in die Milch geben und aufkochen lassen. Eigelb mit Zucker aufschlagen. Die heiße Milch dazugeben und kochen lassen, bis die Masse eindickt. Kühl stellen. Schälchen mit Butter einfetten. Die „Pralines roses“ (Lyonesische Zuckermandeln mit rosa Zucker umhüllt) zerkleinern. Eiweiß mit dem Zucker steif schlagen und die zerkleinerten „Pralines roses“ vorsichtig hineingeben. In Schälchen einfüllen und bei 120 °C im Ofen 15 bis 20 Minuten erhitzen. Nun den Teig aus der Frischhaltefolie nehmen, nochmals kneten und in eine gefettete Kuchenform ausrollen. Bei 150 °C ca. 15 Minuten backen. Die flüssige Sahne mit den zerstoßenen „Pralines roses“ ca. 5 Minuten aufkochen lassen. Diese Mischung in die mit dem Tarte-Teig ausgefüllte Kuchenform füllen und nochmals bei 150 °C ca. 15 Minuten backen. Danach erkalten lassen. Zu guter Letzt die Schälchen mit der Ile flottante auf tiefe Teller stürzen und die „Crème anglaise“ darübergießen. Mit einem Stück der Pralinen-Tarte servieren.

Tarte-Teig:
125 g Butter
125 g Mehl
1 Ei
80 g Puderzucker
5 cl Wasser

Crème anglaise:
50 cl Milch
5 Eigelb
100 g Zucker
1 Vanillestange

Ile flottante:
20 cl Eiweiß
65 g Zucker
90 g Pralines roses

Pralinen-Creme:
150 g Pralines roses
15 cl flüssige süße Sahne

☞ L' Absinthe – Nouvelle Cuisine unkompliziert

So wie Alain Ducasse in seinem Bistro Aux Lyonnais die leichten und unkomplizierten Varianten der Nouvelle Cuisine auf den Tisch bringt, stellt auch ein weiterer der ganz großen Köche seine Kunst im kleinen Format unter Beweis. Mit seinem Bistro L'Absinthe ist es dem Zwei-Sterne-Koch Michel Rostang gelungen, dem an Kochkunst interessierten Gast exzellente Kreationen in dennoch entspannter Atmosphäre zu kredenzen. Seine Tochter Caroline führt diesen Ort kulinarischer Hochkunst mit stilsicherer Hand und einigem Selbstbewusstsein. Verantwortlich nicht nur für die Bereicherung der traditionellen Küchenlinie mit exotischen Elementen, hat sie auch die leicht rustikale Einrichtung des Bistros geprägt. Die Auswahl der Gerichte ist klar strukturiert: Man entscheidet sich entweder für eine Vor- und Hauptspeise oder für eine Haupt- und Nachspeise zum fixen und durchaus erschwinglichen Preis. Famos einfach gelingt auch die Weinauswahl: Nach Preiskategorien sortiert, fällt die Wahl nicht schwer. Die Speisekarte wechselt nach Jahreszeiten. Falls angeboten, sollte man sich weder die Ravioli mit *Crème de Langoustines* noch die wunderbaren Töpfchen mit der *Chocolat de Michel Rostang* entgehen lassen.

Adresse: 24, place du Marché St Honoré, Paris, 2e
Tel: 0033 (0)1 49269004, Internet: www.restaurantabsinthe.com
Öffnungszeiten: Montag – Freitag 12.00 – 15.00 Uhr und 19.00 – 22.15 Uhr, Samstag 19.00 – 22.15 Uhr, Sonntag geschlossen

CHAMPAGNE

CHEZ CASIMIR

Nicht gerade die beliebteste Gegend um den Gare du Nord. Doch hat man erst mal das hektische Treiben auf dem Boulevard de Magenta hinter sich gelassen, eröffnet sich an einem kleinen Kirchplatz Thierry Bretons kulinarische Oase, die geheimtippverdächtig ist. Im Sommer steht viel Saisonales auf der Karte von Küchenchef Jean Pierre Vasseur und das kann man draußen ganz wunderbar an kleinen Holztischen mit weiß-grün karierter Tischwäsche und unter einer Schatten spendenden Markise genießen. Im Winter kommen die Stammkunden aus der Nachbarschaft für französische Klassiker wie Tatare de boeuf, Confit de canard oder Clafouti Cerise, die auf Holzbrettchen und Schiefern nicht nur wunderschön präsentiert werden, sondern auch ganz vorzüglich schmecken. Die Gerichte kann man einzeln von einer Holztafel auswählen, ein 3-Gänge-Menü kostet zwischen 20 und 30 Euro. Dazu wird köstliches Landbrot gereicht, das jeden Morgen um vier Uhr frisch aus dem Ofen kommt. Alles in allem ein Traum von einer französischen Landpartie und das im 10. Arrondissement von Paris!

Chez Casimir Adresse: 6, rue de Belzunce, Paris, 10e Tel: 0033 (0)1 48782880
Öffnungszeiten: Montag – Freitag 11.45 – 14.00 Uhr und 18.45 – 24.00 Uhr,
Samstag und Sonntag 10.00 – 19.00 Uhr

Tatare de boeuf

4 Personen

Für die Sauce: Alle gehackten Zutaten in eine Schüssel geben. Ketchup und Mayonnaise dazugeben und unter Rühren etwas Rotweinessig beifügen.
Salz, Pfeffer und Piment beifügen und alles gut vermischen und abschmecken.

Das Tatar-Fleisch auf vier Portionen verteilen. Jeweils ein rohes Ei aufschlagen und das Eigelb behutsam auf das Fleisch geben. Mit gehackter Petersilie garnieren.

Bei Chez Casimir werden dazu Kartoffeln serviert, die zuerst halbiert in Thymian und Knoblauch gekocht und dann mit Schalotten in Butter und Gänsefett gebraten werden.

600 g Tatarfleisch gehackt (Rinderfilet oder gut gelagertes Entrecôte-Fleisch)
4 rohe Eier

Für die Sauce:
5 Cornichons, fein gehackt
2 EL Kapern, fein gehackt
2 kl. Schalotten, fein gehackt
1 Tasse Mayonnaise
½ TL Tomatenketchup
frischer Estragon, Petersilie
Salz, Pfeffer
Piment du Chili (französisches Chili-Pulver aus der Gascogne)
Rotweinessig (Banyuls)

Les menus du déjeuner
à 22 euros -> Entrée, plat ou plat, dessert
à 26 euros -> Entrée, plat, fromage ou dessert
à 29 euros -> Entrée, plat, fromage et dessert
Le menu du dîner
à 29 euros -> Entrée, plat, fromage et dessert
Soupe de Parmesan Safranée
Salade de Tomate (Variété ancienne) et Roquette
Duo d'asperges de Provence, parmesan et jambon de pays +3€
Sardines marinées à cru, Crudités
Terrine de foie gras et foie de lotte, salicornes
Tartare de Boeuf coupé au couteau, Pommes grenaille
Cuisse de Canard Confite, carottes au jus
Brandade de cabillaud, mesclun de salade
Tronçon de Turbot, courgette farcie au pied de veau et aux mousserons
Filet de Rascasse, Poivrons rouges confits
Pièce de cochon de lait, Petits légumes et Girolles
Le plateau de fromages
Clafoutis aux cerises
Millefeuille de génoise pistache et fraises
Brownies, crème anglaise au Kahlua et sablé Fraise
Sablé aux framboises +2€
Faisselle, confiture de rhubarbe et fraises
Assiette de sorbets

☞ Chez Michel

Chez Michel ist der ältere Bruder des Chez Casimir. 1995 von Thierry Breton eröffnet, ist das Bistro längst zu einer Institution in der Nachbarschaft geworden – für alle, die gutes Essen lieben und sich an der eher unprätentiösen Einrichtung samt rosa Tischtüchern nicht stören. Ein 3-Gänge-Menü kostet um die 30 Euro, aber man kann auch alle Gerichte einzeln bestellen. Die Küche ist auf den Punkt gebracht: Das geröstete Sauerteigbrot mit Foie Gras und gehobelten Sommertrüffeln, das auf Schiefer serviert wird, werden wir so schnell nicht vergessen. Warum haben sie bloß am Wochenende geschlossen?

Adresse: 10, rue de Belzunce, Paris, 10ᵉ, Tel: 0033 (0)1 44530620
Öffnungszeiten: Montag 18.45 – 24.00 Uhr, Dienstag – Freitag 11.45 – 14.00 Uhr und 18.45 – 24.00 Uhr, Samstag und Sonntag geschlossen

Chez Michel

Chez Michel

Chez André

CHEZ ANDRÉ

Die weiß gedeckten Tische, die Blumenbuketts und Spiegel verströmen zusammen mit dem lebhaften Gemurmel der Gäste ein deutliches Gefühl des „savoir vivre“. Die Einrichtung des Restaurants ist intim und elegant gleichermaßen. Mit charmanter Professionalität kümmert sich Christophe Joulie, der junge Sohn des Eigentümers, um das leibliche Wohl der zahlreichen Gäste. Auf der Karte stehen gebratene Hühner ebenso wie Froschschenkel und Schnecken. Es sind traditionelle Gerichte der Bistro-Küche, die je nach Jahreszeit wechseln und rund um die Uhr mit erfrischender Selbstverständlichkeit serviert werden. Im Sommer werden die weiß gedeckten Tische auf die Straße gestellt und so lässt sich die Bistro-Atmosphäre ganz wunderbar im Freien genießen.

Chez André Adresse: 12, rue Marbeuf, Paris, 8e
Tel: 0033 (0)1 47205957 Internet: www.chez-andre.com
Öffnungszeiten: Täglich 12.00 – 1.00 Uhr

Ein Gespräch mit Christophe Joulie

Geschäftsführer von Chez André und Sohn des Eigentümers

Was ist eigentlich der Unterschied zwischen einem Bistro und einer Brasserie?
Ein Bistro ist intimer als eine Brasserie. Bei Chez André versuchen wir, diesen kleineren Rahmen, zu dem auch ein persönlicher Kontakt zu den Gästen gehört, zu pflegen.

Wer sind Ihre Gäste?
Hier ist es sehr gemischt. Es gibt einige große Hotels in der Nähe und manche der dortigen Gäste flüchten zu uns, weil sie die intime Atmosphäre hier mögen. Dazu kommen einige Leute aus der Medienbranche. Aber es gibt auch Stammgäste aus dem Quartier, darunter einige sehr bekannte wie z.B. Roman Polanski, der immer am gleichen Tisch sitzt. Als wäre das hier sein Esszimmer ...

Haben Sie ein Lieblingsgericht in Ihrem Restaurant?
Unsere Karte ist sehr saisonal ausgerichtet, zudem haben wir eine Wochenkarte, bei der wir jeden Tag ein bestimmtes Gericht anbieten. Ich freue mich immer auf Samstag, da gibt es „Pot-au-Feu“ – ein klassischer Eintopf der ländlichen Küche Nordfrankreichs, bestehend aus Rindfleisch, Gemüse und Brühe.

LADURÉE

Ultimative Adresse für all diejenigen, die in hochgradig verfeinertem Süßen schwelgen mögen. Oder den traurig Daheimgebliebenen einen Hauch süßen Pariser Raffinements mitbringen wollen, verpackt in seidengefütterte feinste Kartons, die Sammlerstatus besitzen. 1862 eröffnet Louis Ernest Ladurée, ein offenbar nicht einfältiger Müller aus dem Südwesten Frankreichs, den ursprünglich als Bäckerei gegründeten Laden in der Nähe der Madeleine. Schon bald entwickelt sich das Etablissement zu einer respektablen Adresse, die dem anspruchsvollen Pariser Publikum Café, Konditorei und Tee-Salon in einem wird. Der genialische Bäcker Ladurée nimmt sich schließlich des „Macaron" an, einem traditionellen französischen Gebäck, entwickelt das Rezept weiter und bringt es buchstäblich zu seiner Vollendung. Seither ist der „Macaron" das Markenzeichen von Ladurée. In jüngster Zeit werden die traditionellen Rezepte mit ungewöhnlichen Geschmacksrichtungen und wahren Farbexplosionen zu frischem Leben erweckt und von neuen Kreationen begleitet, die ähnlich wie Mode zweimal im Jahr stolz präsentiert werden. Seit den 90er Jahren wird die Firma zu einem wahren Imperium ausgebaut. Allein in Paris entstehen drei weitere Läden, die alle im Stile Napoléon III. gehalten sind. Weitere folgen in Europa. Sich von artigen Kellnern diese süßen Köstlichkeiten im Stammhaus in der rue Royale servieren zu lassen, ist jedoch immer noch das Schönste.

Ladurée Adresse: 18, rue Royale, Paris, 8e Tel: 0033 (0)1 42602179 Internet: www.laduree.fr Öffnungszeiten: Montag – Donnerstag 8.30 – 19.30 Uhr, Freitag und Samstag 8.00 – 20.00 Uhr, Sonntag 10.00 – 19.00 Uhr

L
LADURÉE

LADURÉE

Ein Gespräch mit Philippe Audrieu

Chef Pâtissier bei Ladurée

Wie gelingt es Ihnen, die hohe Qualität Ihrer raffinierten Produkte zu halten, zumal es inzwischen gilt, nicht nur in Paris mehrere Geschäfte und Läden zu bedienen?

In Paris haben wir die Produktion zentralisiert: Im Stammgeschäft arbeiten 50 Mitarbeiter 7 Tage in der Woche an der Herstellung der Macarons und Produkten aus Schokolade, in der Champs-Élysées werkeln nicht minder viele Bäcker an Kuchen und Gebäck. Von dort aus gehen die jeweiligen Produkte in unsere verschiedenen Läden und Cafés. In den Läden im restlichen Europa arbeiten hochqualifizierte Mitarbeiter vor Ort.

Wovon lassen Sie sich als Chef Créateur inspirieren?

Ähnlich wie Modemacher versuche ich, saisonale Akzente zu setzen. Letzten Winter entwickelten wir einen *Macaron* mit weihnachtlichen Gewürzen, im Frühling versprühte der *Macaron Grenadine* sowohl farblich als auch in seiner Geschmacksrichtung vitale Lebensfreude.

Wie stellen Sie sich als Mitarbeiter eines so auf Tradition basierten Unternehmens die Verknüpfung von Tradition und Innovation vor?

Wir respektieren die überlieferten Rezepte des Hauses Ladurée als formgebende Konstanten. Ungewöhnliche Geschmackskombinationen und daraus resultierende überraschende Farbgebungen setzen dennoch sehr zeitgenössische Akzente. Wir haben dafür zum Beispiel einen Wettbewerb an der Kunsthochschule von Monaco ausgerufen, wo junge Künstler im Bereich der Pâtisserie Neues schaffen können.

LE CHINA

Le China ist der perfekte Ort für einen ruhigen Abend zu zweit oder mit einigen Freunden. Nach einem langen Tag, den man durch Paris gebummelt ist, kann man sich wohlverdient auf die dicken Ledersofas fallen lassen, zu seinem Drink asiatische Snacks bestellen und dazu weht entspannte Barmusik durch die hohen Räume der im Kolonialstil eingerichteten Stadtvilla. Rote schwere Samtvorhänge, weiß-schwarz gekachelter Boden und gedämpftes Licht sind die ideale Kulisse und schaffen eine gemütliche Atmosphäre.
Im oberen Stock liegt das dazugehörige Restaurant, das für sein Sushi und asiatische Küche geschätzt wird. Der Sing Song Club im Keller wird vor allem von jüngerem Publikum besucht, hier finden auch immer wieder kleine Konzerte statt.

Le China Adresse: 50, rue de Charenton, Paris, 12e
Tel: 0033 (0)1 43460809 Internet: www.lechina.eu
Öffnungszeiten: Täglich 18.00 – 2.00 Uhr

☞ Le Fumoir

Le Fumoir ist Café, Bar, Lounge und Restaurant in einem. Doch besonders schön ist die Stimmung am Abend. Dann sorgen drinnen kleine Tische, dunkle Hölzer, hohe Bücherwände und ein angenehmes Publikum für Behaglichkeit und man fühlt sich wie in einem englischen Club. Sitzt man an einem lauen Sommerabend bei einem Aperitif draußen, fühlt man sich hingegen trés francais – wenn das Pariser Treiben ganz entspannt und wie in Zeitlupe an einem vorbeizieht.

Adresse: 6, rue de l'Amiral de Coligny, Place du Louvre, Paris, 1er
Tel: 0033 (0)1 42920024, Internet: www.lefumoir.com
Öffnungszeiten: Täglich 11.00 – 2.00 Uhr

FOIES GRAS TRUFFES
SALAISONS
COMESTIBLES DE CHOIX
1/2 gros
gros
BOUDIN BLANC
CHARCUTERIE
MAISON

COMPTOIR DE LA GASTRONOMIE

Diese schöne *Epicerie fine* in der Nähe des ehemaligen *Ventre de Paris*, jener legendären Markthallen, führt allerlei Köstlichkeiten, die entweder im eigenen kleinen Restaurant nebenan verspeist oder als Mitbringsel verpackt werden können. Die Geschichte des altehrwürdigen Geschäfts ist eng verknüpft mit der Geschichte seines Quartiers. Im 19. Jahrhundert hatten sich die Lebensmittelhändler die Straßen rund um die Markthallen unter sich aufgeteilt: dort die Straße der Metzger, hier die Straße der Geflügelhändler usw. Nur wenige Läden haben die einschneidenden Veränderungen des Viertels überlebt und ihre Spezialisierungen beibehalten. So muss wohl damals die Straße, in der Le Comptoir de la Gastronomie liegt, für ihre feinen Produkte aus dem Sud-Ouest bekannt gewesen sein, denn noch immer ist dies die besondere Spezialität des Geschäfts. Ein freundlicher Sommelier gibt darüber hinaus Ratschläge für den passenden Wein.

Comptoir de la Gastronomie Adresse: 34, rue Montmartre, Paris, 1er
Tel: 0033 (0)1 42333132 Internet: www.comptoirdelagastronomie.com
Öffnungszeiten: Montag 9.00 – 20.00 Uhr,
Dienstag – Samstag 6.00 – 20.00 Uhr, Sonntag geschlossen

La Robertie
MONBAZILLAC
2002

☞ Man unterscheidet drei Kategorien von foie gras:

1. Die Gänseleber wird im Ganzen ca. 40 Minuten gekocht und dann als *foie gras entier* verkauft. Sie ist nur sehr begrenzt haltbar.

2. Wird die Leber weitere 20 Minuten gekocht, erhält sie die Bezeichnung *demi-conserve* und ist im Kühlschrank sechs Monate haltbar.

3. Eine Konservierung mit sehr langer Haltbarkeit wird durch Kochen bis zu weiteren eineinhalb Stunden erreicht.
Wird die Leber zerkleinert und dann gekocht, verkauft man sie als *bloc de foie gras*.

Die feinste Leber kommt aus der Region Montfort en Chalosse. Zusammen mit geröstetem Weißbrot wird *foie gras* mit Champagner oder Weißwein verspeist. Der Sommelier des Comptoir de la Gastronomie empfiehlt einen sehr aromatischen Crozes-Hermitage oder einen Monbazillac au Brumaire von 2002, beide noch recht erschwinglich.

SMART
TRAVELLING

GUT ZU WISSEN

Paris ist groß, darum ist dieser Infoteil so klein. Hier erfahren Sie nicht alles und jedes, sondern genau das, was Sie für ein perfektes Wochenende brauchen. Wenige, aber genau die richtigen Informationen: Wissenswertes über die Pariser Lebensart, eine kleine subjektive Auswahl an Sehenswürdigkeiten, Spaziergängen und Tipps für Unternehmungen am Sonntag. Dazu einen Stadtplan mit all unseren Lieblingsadressen, damit Sie nicht lange suchen müssen, sondern gleich anfangen können Paris zu genießen.

ARCHITEKTUR

L'Institut du Monde Arabe

Mitten im historischen Zentrum wurde 1987 das Institut der Arabischen Welt eröffnet. Von dem Architekten Jean Nouvel entworfen, symbolisiert das Gebäude die Beziehungen von arabischer und westlicher Kultur in Paris. In der nördlichen Glasfassade spiegelt sich die Architektur des alten Paris, während die südliche Fassade aus 240, sich jede Stunde öffnenden und schließenden Membran-Bausteinen besteht, womit der historischen, von geometrischen Ornamenten geprägten arabischen Architektur ein eindrucksvolles Denkmal gesetzt wurde.

1, rue des fossés Saint-Bernard, Paris, 6e
Tel: 0033 (0)1 40513838
www.imarabe.org
Dienstag – Sonntag 10.00 – 18.00 Uhr

La Défense

Ende der 50er Jahre wurde im Rahmen der Innenstadterweiterung auf einer Fläche von ca. 800 ha entlang der Grand Axe das postmoderne Geschäfts- und Wohnviertel „La Défense“ errichtet. Den architektonischen Mittelpunkt bildet der gigantische Triumphbogen „La Grande Arche de l'Humanité et de la Fraternité“, von einem weitläufigen Platz umgeben, der mit Skulpturen von Calder, Miró u.a. gestaltet wurde. Mit den gläsernen Aufzügen gelangt man auf die Aussichtsplattform des futuristischen Triumphbogens, von wo aus sich bei klarem Wetter ein herrlicher Blick über Paris eröffnet.

Hauts-de-Seine, Ile-de-France,
Paris, 14e
www.ladefense.fr

Unesco-Gebäude

Das 1958 eröffnete Unesco-Gebäude ist ein Architekturmeisterwerk, das aus der internationalen Zusammenarbeit von Pier Luigi Nervi (Italien), Marcel Breuer (USA) und Bernard Zehrfuss (Frankreich) entstanden ist. Innen wurde der Y-förmige Bau mit zahlreichen Kunstwerken u.a. von Joan Miró, Pablo Picasso, Henry Moore, Hans Arp ausgestattet. Eine Besichtigung der Räume ist allerdings nur nach Anmeldung möglich.

7, place de Fontenoy, Paris, 7e
Tel: 0033 (0)1 45681000
www.unesco.org

DIE KUNST, BIEN-SÛR! MUSEEN UND GALERIEN

Natürlich hat Paris eine Unzahl wunderbarster Museen zu bieten. Doch wer sich der Tour-de-force des Louvre diesmal nicht stellen möchte, wem das Centre Georges Pompidou zu laut und schrill anmutet oder wen die Füße nicht durch die Weiten des 19. Jahrhunderts im Musée d'Orsay tragen wollen, dem sei hier eine kleine Auswahl gegönnt. Auch die zeitgenössische Kunstszene präsentiert sich vielerorts, dennoch haben sich einige interessante junge Galerien in einem bestimmten Quartier, dem nördlichen Marais, eingefunden, so dass auch hier die Wahl nicht zur Qual wird.

Musée du Louvre
99, rue de Rivoli, Paris, 1er
Tel: 0033 (0)1 40205050
www.louvre.fr
Mittwoch – Montag 9.00 – 18.00 Uhr,
Mittwoch und Freitag bis 21.45 Uhr

Centre Pompidou
Place Georges Pompidou, Paris, 4e
Tel: 0033 (0)1 44781233
www.centrepompidou.fr
Täglich 11.00 – 21.00 Uhr

Musée d'Orsay
1, rue de la Légion d'Honneur, Paris, 7e
Tel: 0033 (0)1 40494814
www.musee-orsay.fr
Dienstag – Sonntag 9.30 – 18.00 Uhr,
Donnerstag bis 21.45 Uhr

PALAIS DE TOKYO /

Palais de Tokyo

Das 1937 errichtete Gebäude wurde von den französischen Architekten Anne Lacaton und Jean-Philippe Vassal zu einem spannenden Ort für internationale zeitgenössische Kunst umgebaut. Es finden nicht nur Ausstellungen aktueller Künstler statt, sondern darüber hinaus auch Lesungen, Kolloquien und Kunstpartys, mit denen das Palais de Tokyo zum quirligen Brennpunkt der off-beat-Kunstszene in Paris wird. Neben dem gut sortierten Buchladen sind auch besonders das von oben einzusehende Restaurant „Tokyo Eat" und die Cafétería „Tokyo Self" einen Besuch wert.

13, avenue du Président Wilson,
Paris, 14e
Tel: 0033 (0)1 47235401
www.palaisdetokyo.com
Dienstag – Sonntag 12.00 – 24.00 Uhr

Jean Nouvel's Fondation Cartier

Das Museum der Fondation Cartier liegt eingebettet in eine schöne Gartenarchitektur, die als „Theatrum Botanicum" von dem deutschen

Künstler Lothar Baumgarten gestaltet wurde. Das extravagante Gebäude entwarf 1994 der Architekt Jean Nouvel, der eine 200-jährige, von Chateaubriand (1768–1848) gepflanzte Zeder in seine Glaskonstruktion miteinbezog. Zu sehen sind wechselnde Ausstellungen zeitgenössischer Kunst aus der sich ständig erweiternden Sammlung.

261, boulevard Raspail, Paris, 14e
Tel: 0033 (0)1 42185650
www.fondation.cartier.com
Mittwoch – Sonntag 11.00 – 20.00 Uhr,
Dienstag 11.00 – 22.00 Uhr

Musée du Quai Branly

In der Nähe zum Louvre und dem Musée d'Orsay, wenige Minuten Fußweg entfernt vom Grand und Petit Palais, vom Palais de Tokyo und dem Musée d'Art moderne de la Ville de Paris liegt das neue Museum für Kunst aus Afrika, Ozeanien, Asien und den Amerikas. Schon allein der Anblick der zum Teil vollständig mit Pflanzen bewachsenen Fassade lohnt einen Besuch. Entworfen von Jean Nouvel, wurde das beeindruckende Gebäude 2006 mit großem Staatspomp eröffnet. Das ambitionierte Projekt, das sowohl wegen seiner Architektur als auch aufgrund seines Gesamtkonzeptes nicht unkontrovers diskutiert wird, steht unter der besonderen Schirmherrschaft von Jacques Chirac. Das Museum gilt als der Versuch des ehemaligen Staatspräsidenten, sich ähnlich wie sein Vorgänger Mitterand unübersehbar in die Geschichte der Stadt Paris einzuschreiben.

37, quai Branly, Paris, 7e
Tel: 0033 (0)1 56617000
www.quaibranly.fr
Dienstag, Mittwoch, Sonntag 11.00 – 19.00 Uhr, Donnerstag – Samstag 11.00 – 21.00 Uhr

Musée national Eugène Delacroix

In der Nähe des Boulevard St-Germain, nur einen Katzensprung vom legendären Café aux Deux Maggots entfernt, findet sich die ehemalige Wohnung von Eugène Delacroix. 1857 zog der schon alterskranke Künstler in die versteckte kleine rue de Furstenberg, um sich einen langen Fußmarsch zur Kirche St-Sulpice zu ersparen, an deren Ausmalung er beteiligt war. Nach seinem Tod 1863 widmete eine Gruppe von Künstlerfreunden die Wohnung um in ein kleines Museum mit Werken des Künstlers. Dieser stille kleine Ort ist ein Kleinod.

6, rue de Furstenberg, Paris, 6e
Tel: 0033 (0)1 44418650
www.musee-delacroix.fr
Mittwoch – Montag 9.30 – 17.00 Uhr

Musée national Gustave Moreau

Das Museum ist ein Kuriosum. Obwohl als Künstler noch fast unbekannt, sorgte sich der Maler Gustave Moreau um die Zukunft seiner Werke und beschloss, seinen Gemälden einen angemessenen Ort, ein museales Zuhause zu geben. Das elterliche Haus, in dem er im dritten Stock sein Atelier eingerichtet hatte, wurde nach jahrelangen Überlegungen allmählich in ein veritables Museum umgebaut. Nach seinem Tod 1898 wird dieser eigenwillige Ort als Museum anerkannt und gewürdigt. Im Interieur dieser Architektur vermitteln die Gemälde des Künstlers ein eindrückliches Bild des französischen Fin-de-siècle.

14, rue de La Rochefoucauld, Paris, 9e
Tel: 0033 (0)1 48743850
www.musee-moreau.fr
Montag, Mittwoch, Donnerstag
10.00 – 12.45 Uhr und 14.00 – 17.15 Uhr,
Freitag – Sonntag 10.00 – 17.15 Uhr

Galerie Dix9

Man geht durch eine Passage in den Hinterhof – und dort erwarten einen die Räume von Helene Lacharmoise, die 2007 begonnen hat, junge Talente in Paris zu etablieren. Ihr Augenmerk: Künstler, die sich an den Grenzen der Genre bewegen – und dabei gelingt ihr ein wirklich spannender Mix. Von der australischen Video-Artistin Tracey Moffatt über die deutschen Fotografen Daniel und Geo Fuchs, die Realität sehr eigensinnig interpretieren, bis hin zu den in Auflösung begriffenen Gouachen von Sheila Concari.

19, rue des Filles du Calvaire, Paris, 3e
www.galeriedix9.com
Dienstag – Freitag 14.00 – 19.00 Uhr,
Samstag 11.00 – 19.00 Uhr

Galerie Thaddaeus Ropac

Auf den Messen in Miami Beach, Basel oder London sieht man Thaddaeus Ropac mit Fürstengattinnen und Hollywoodstars im Arm. Sie alle gehören zu seiner Klientel, der er Moderne der ersten Liga bietet – von Kunststars wie Anselm Kiefer, Sylvie Fleury, Francesco Clemente oder Georg Baselitz. 1991 von dem ambitionierten Salzburger Kunsthändler gegründet, gehört die Galerie mit dem klaren Raum zu den wichtigsten in Paris.

7, rue Debelleyme, Paris, 3e
Tel: 0033 (0)1 42729900
www.ropac.net
Dienstag – Samstag 10.00 – 19.00 Uhr

Galerie Kamel Mennour

Seinen ersten Kontakt mit dem Kunsthandel hatte Kamel Mennour, als er während seines Studiums von Haustür zu Haustür zog, um Lithographien zu verkaufen. Heute ist der Franzose mit algerischen Wurzeln einer der bedeutendsten Galeristen in Paris. Obwohl die Kunstszene sich längst ins Marais verlagert hat, hält Mennour Saint-Germain-des-Prés die Treue – und seinen Künstlern auch. Im Programm: Stars wie Noboyoshi Araki, Daniel Buren und Martin Parr.

47, rue Saint-André des Arts, Paris, 6e
Tel: 0033 (0)1 56240363
www.kamelmennour.com
Dienstag – Samstag 11.00 – 19.00 Uhr

PARIS UND SEINE ARRONDISSEMENTS

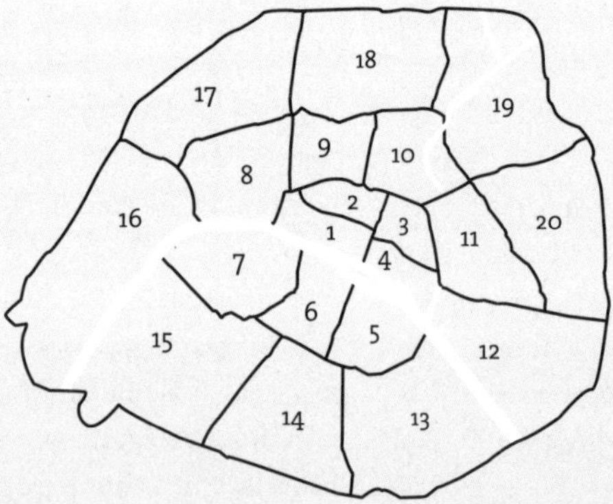

„Im Ersten!“, „Im Zweiten!“, „Im Sieben!“, die Pariser orientieren sich in ihrer Stadt anhand der Arrondissements. Davon gibt es in Paris 20, die sich wie eine aufgedrehte Spirale im Uhrzeigersinn von innen nach außen verteilen, ausgehend vom 1. Arrondissement, das zwischen dem Palais de Justice und dem Louvre liegt, bis zum 20. im Osten der Stadt. Die spiralförmige Anordnung wird unter den Parisern auch gern l'escargot de Paris (Pariser Schnecke) genannt. Jedes Arrondissement hat natürlich seine eigene Geschichte und seinen Charakter, die Nummern sind leicht auf den Straßenschildern und in den Endziffern der Postleitzahlen wieder zu finden und so spiegeln die Pariser Arrondissements eine lebendige, aber gut gegliederte Mischung der Stadt wieder.

LEBENSMITTELMÄRKTE

Rungis

Der Besuch des Großmarktes Rungis ist zwar mit einigem Aufwand verbunden, dafür jedoch ein Erlebnis der Superlative. Außerhalb von Paris in der Nähe des Flughafens gelegen ist dies der weltgrößte Markt für frische Lebensmittel. Auf einer Fläche, die 232 Fußballfelder umfassen könnte und größer als das schöne Monaco ist, versorgen 1380 Unternehmen mit 13 000 Beschäftigten 18 Millionen Verbraucher in Frankreich und in Europa täglich mit Fisch, Fleisch, Käse, Obst und Gemüse, Schnittblumen und Topfpflanzen. Unter großem Protest wurde Anfang der 70er Jahre der Pariser Markt aus der Innenstadt, wo „Les Halles" seit 800 Jahren angesiedelt waren, in den Vorort Rungis verlegt. Jetzt macht eine wahre Orgie aus Gerüchen, Formen und Farben den Besucher schwindlig. Jeweils am zweiten Freitag im Monat findet für Einzelpersonen eine geführte Besichtigung von 5.00 Uhr bis ca. 9.00 Uhr inklusive Hallenfrühstück statt (außer im August). Die Führungen erfolgen in vielen Sprachen, darunter auch Deutsch. Dabei dürfen die Händler nur an zugelassene Grossisten verkaufen. Wem beim bloßen Gedanken an aufgeschlitzte Fische, ausgeweidete Kühe und Ähnlichem etwas bang wird, sollte vielleicht mit der literarischen Schilderung Émile Zolas vorlieb nehmen, der in seinem Roman „Der Bauch von Paris" das Markttreiben im Paris des 19. Jahrhunderts eindrücklich, aber doch appetitlich beschreibt.

Bustransfer vom Place
Denfert-Rochereau
Preis: 75 Euro
Reservierung unter:
resa@visiterungis.com oder

Tel: 0033 (0)3 83501085
Information:
www.visiterungis.com

In Paris gibt es in fast jedem Arrondissement einen Wochenmarkt, der im Allgemeinen von Dienstag bis Samstag von 8 bis 13 Uhr und von 16 bis 19.30 Uhr geöffnet ist. Auch am Sonntag wird von 8 bis 13 Uhr verkauft, geschlossen sind die Stände allerdings fast durchgehend am Montag. Unter den 71 Wochenmärkten gibt es freilich einige besonders schöne.

Marché biologique Raspail

Entlang des großen Boulevard Raspail gibt es ausschließlich Waren aus biologischem Anbau, mit recht stolzen Preisen.

Boulevard Raspail, Paris, 6e
Sonntag 8.00 – 13.00 Uhr

Marché des Enfants Rouges

Es ist der älteste Markt von Paris und liegt im nördlichen Marais. Mit einem frisch gepressten Saft am Obst- und Gemüsestand gleich neben dem Eingang lässt es sich perfekt in den Tag starten. Zwischen den einzelnen Marktständen, die meisten organic, reihen sich kleine Imbisse mit originellen Gerichten. Egal ob marokkanisches Couscous, japanische Hausmannskost oder italienische Antipasti – alles sieht nicht nur gut aus, sondern schmeckt auch köstlich, zubereitet aus Zutaten, die die Köche jeden Morgen frisch auf dem Markt kaufen. Ein besonderer Ort mit einer netten Mischung aus Leuten aus der Nachbarschaft und Paris-Besuchern, den Sie sich bei einem Bummel durch das Viertel nicht entgehen lassen sollten.

39, rue de Bretagne, Paris, 3e
Montag – Samstag 9.00 – 14.00 Uhr und 16.00 – 20.00 Uhr,
Sonntag 9.00 – 14.00 Uhr

Halles St. Quentin

In dieser riesigen Markthalle mit der typischen Eisenkonstruktion herrscht eine Atmosphäre, die vielleicht das Bild der alten Markthallen, des „Ventre de Paris“, heraufzubeschwören vermag. Hier in der Nähe des Gare de l'Est findet sich alles, was Augen und Gaumen erfreut. Besonders die Fischstände mit allem, was das Meer so hergibt, sind beeindruckend.

Métro: Gare de l'Est

BEST OF DELIS

Käse

Wer der Meinung ist, Käse und Frankreich seien unweigerlich miteinander verknüpft, ist hier goldrichtig. Hatte nicht Charles de Gaulles behauptet, ein Land mit mehr als 365 Käsesorten sei nicht regierbar? Hier jedenfalls präsentiert sich die beeindruckende Käsevielfalt weit weniger dramatisch. Unter fachkundiger Beratung wird ausgesucht und luftdicht verpackt, so dass eventuelle Mitbringsel nicht schon im Flugzeug großzügig ihr köstliches Aroma preisgeben.

Barthélémy
51, rue de Grenelle, Paris, 7e
Tel: 0033 (0)1 45485675
Dienstag – Freitag 8.00 – 13.00 Uhr und 16.00 – 19.15 Uhr, Samstag 8.00 – 13.30 Uhr und 15.00 – 19.15 Uhr

Pata Negra Schinken

Obwohl nun gar nicht französisch, so ist der Bellota Pata Negra Schinken doch nicht aus der kulinarischen Metropole Paris wegzudenken. Man kann sich hier nicht nur eine Scheibe vom feinen Schinken aus dem Süden Spaniens abschneiden lassen, sondern auch Kleinigkeiten essen und guten spanischen Wein dazu trinken.

Bellota-Bellota
18, rue Jean Nicot, Paris, 7e
Tel: 0033 (0)1 53599696
www.bellota-bellota.com
Dienstag – Freitag 11.00 – 23.00 Uhr, Samstag 10.00 – 23.00 Uhr

Süße Köstlichkeiten

Dies ist die älteste Confiserie in Paris. Gegründet wurde das Geschäft 1761 und auch heute noch bietet sich dem Kunden eine süße Auswahl enzyklopädischen Ausmaßes. Aus allen sprichwörtlichen Ecken des Landes sind hier süße Köstlichkeiten aufgefahren, ein wahres kulturelles Erbe traditioneller Zuckerbäckerkunst. Gläser mit atemberaubenden Bonbons, parfümierte Baisers, Veilchen-Dragees und allerlei Süßes, dessen Namen man ein erstes Mal zu hören bekommt. Die Ladeneinrichtung aus dem 19. Jahrhundert trägt dazu bei, dass man kurzzeitig den Eindruck hat, sich auf einer seligen Zeitreise in die Vergangenheit zu befinden. Das Stammhaus befindet sich in der rue du Faubourg in Montmartre, darüber sind Filialen über die ganze Stadt verstreut.

A la Mère de Famille
35, rue du Faubourg Montmartre, Paris, 9[e]
Tel: 0033 (0)1 47708369
www.lameredefamille.com
Montag – Samstag 9.30 – 20.00 Uhr, Sonntag 10.00 – 13.00 Uhr

Croissants

Es hat sich herumgesprochen, die besten Croissants, die leckersten Pains de Compagne der Stadt kämen hier aus dem Ofen. Also demütig in die Schlange stellen und freudig die duftenden Backwaren entgegennehmen. Und dann ganz klassisch mit dem Baguette unterm Arm die Straße entlangschlendern.

Boulangerie Kayser
8, rue Monge, Paris, 5[e]
Tel: 0033 (0)1 44070142
www.maison-kayser.com
Mittwoch – Montag 6.45 – 20.30 Uhr

Tee

Die Atmosphäre dieses Teegeschäfts im Marais ist so distinguiert, wie der Genuss von Tee bisweilen sein kann. Die unüberschaubare Auswahl von Teesorten bringt den passionierten Teetrinker in Ekstase, jedem weniger Kundigen steht eine Armada professioneller Verkäufer zur Seite. Die schwarzen Büchsen, die in Reih und Glied die Wände schmücken, werden zur Duftprobe unter die Nase gehalten, zur Vorentscheidung liegen Listen mit den Teesorten aus. 1854 gründeten die Brüder Mariage das illustre Teegeschäft, inzwischen gibt es drei weitere Standorte in Paris. Auch dort kann Tee und Gebäck in schönen Räumen im Kolonialstil vor Ort genossen werden.

Mariage Frères
30-32, rue du Bourg-Tibourg, Paris, 4e
Tel: 0033 (0)1 42722811
www.mariagefreres.com
Täglich 10.30 – 19.30 Uhr, Teesalon 15.00 – 19.00 Uhr

Filialen:
99, rue de Rivoli, Paris, 1er
13, rue des Grands-Augustins, Paris, 6e
260, Faubourg Saint-Honoré, Paris, 8e

Macarons

Wie die Haute-Couture-Häuser präsentiert Pierre Hermé in seiner Pâtisserie saisonale Kreationen seiner exklusiven Macarons, luftige pastellfarbene Makronen, mit teilweise außergewöhnlichen Füllungen wie Olive, Wasabi, Avocado oder Aprikose-Safran. Es wundert nicht, dass die Franzosen schon morgens nach den Kultobjekten Schlange stehen, in der in Edelholz designten Boutique im sechsten Arrondissement, in deren Keller auch die Backstube liegt.

Pierre Hermé
72, rue Bonaparte, Paris, 6e
Tel: 0033 (0)1 43544777
www.pierreherme.com
Sonntag – Mittwoch 10.00 – 19.00 Uhr, Donnerstag und Freitag bis 19.30 Uhr, Samstag bis 20 Uhr

Pâtisserie auf Japanisch

Wem die französische Feinbäckerei nicht aufregend genug ist, sollte es mit der japanischen versuchen. Meister Aoki kreiert überraschend köstliche Törtchen und Eclairs, vorherrschend in der Farbe grün aus japanischem Matcha-Tee-Pulver. In minimalistischem Dekor werden diese Feinheiten kunstvoll präsentiert.

Pâtisserie Sadaharu Aoki
35, rue de Vaugirard, Paris, 6e
Tel: 0033 (0)1 45444890
www.sadaharuaoki.com
Dienstag – Samstag 11.00 – 19.00 Uhr, Sonntag 10.00 – 18.00 Uhr

Sauerteigbrot

Für sein Sauerteigbrot ist Poilâne über die Grenzen von Paris hinaus bekannt. Der schlichte Laden ist winzig klein, so dass die Hälfte der Kunden draußen auf der Straße anstehen muss. Es gibt keine Glasvitrinen, nur ein einziges Regal, in dem sich di Brote stapeln; Butterkekse, die a sehen wie selbstgebacken, ste auf dem Kassentisch. Und köst

„tartes aux pommes" liegen verführerisch im Schaufenster, an dem man nicht vorbeigehen kann.

Poilâne
8, rue du Cherche-Midi, Paris, 6e
Tel: 0033 (0)1 45484259
www.poilane.fr
Montag – Samstag 7.15 – 20.15 Uhr

Eis
Das beste Eis in Paris. Von herrlich cremiger Konsistenz und köstlichem Geschmack – wie Urlaub in Italien! Es gibt nicht so viele Sorten zur Auswahl, aber die sind dafür handgerührt und aus besten Zutaten. Pistazien- und Caffè-Eis haben Suchtpotential, die Sorbets sind im Sommer schön erfrischend und nicht zu süß.

Pozetto Gelato
39, rue Roi de Sicile, Paris, 4e
Tel: 0033 (0)1 42770864
www.pozzetto.biz
Sonntag – Donnerstag 12.00 – 23.00 Uhr, Freitag und Samstag 11.30 – 23.30 Uhr

Japanisch
Ein kleiner Geheimtipp ist Taeko, der japanische Imbiss auf dem Marché des Enfants Rouges. Er ist natürlich nur mittags geöffnet und wegen seiner authentisch japanischen Hausmannskost so beliebt, dass man früh da sein sollte, um noch einen Platz zu bekommen. Von den kleinen Gerichten, die immer wechseln, ist eines köstlicher als das andere. Das Lachs-Tatare war unvergesslich.

Chez Taeko
Marché des Enfants Rouges,
39, rue de Bretagne, Paris, 3e
Tel: 0033 (0)1 48043459
Montag – Samstag 9.00 – 14.00 Uhr und 16.00 – 20.00 Uhr,
Sonntag 9.00 – 14.00 Uhr

KÜCHENLEXIKON

Anchoïade
Anchovispaste auf Landbrot

Brochettes
(frz. broche = Bratspieß)
kleine Spieße, an denen Fleisch-, Geflügel- oder Wildstückchen auf dem Rost gebraten werden, und zwar abwechselnd mit Pilzen, Artischockenböden, Zwiebel- oder Rauchspeckscheiben.

Boeuf Bourguignon
Rinderschmorbraten, der durch verschiedenes mitgeschmortes Gemüse und einem Schuss Cognac eine unverwechselbare Soße entwickelt.

Caillettes de Valence
Leberbällchen mit Spinat; Caillettes nennt man in Schweinenetz eingeschlagene Fleischfarce.

Clafouti Limousin
ein wunderbarer Kirschkuchen aus dem Limousin

Entrecôte
(frz. entre = zwischen, côte = Rippe) internationale Bezeichnung für eine Fleischscheibe aus dem Zwischenrippenstück des Rindes, auch Mittelrippenstück oder Fehlrippe genannt.

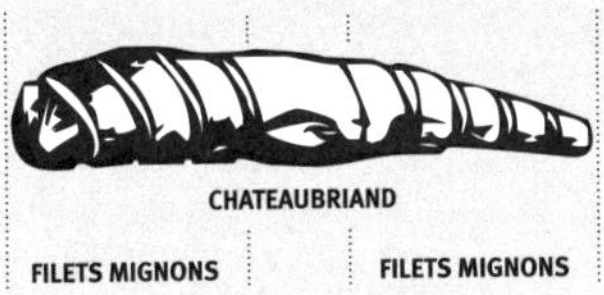

Filet mignon
(frz. mignon = niedlich, allerliebst) kleine Schnittchen aus dem Filetkopf, also aus dem dünnen Ende des Rinderfilets. Auch das Filet von Hammel und Lamm wird gern zu Filets mignons verwendet.

Frappés
(frz. frappé = gekühlt)
Eisgetränke, stark gekühlte Getränke

Gratin dauphinois
Kartoffelgratin

à la Julienne
fein geschnittene Streifen, z.B. Gemüsejulienne als Suppeneinlage, Trüffeljulienne als Beilage oder Dekor, etc. ...

Pipérade
geschmorte Paprikaschoten mit Schinken

Quenelles de brochet
Hechtklößchen; mit Quenelles bezeichnet man Fleisch- oder Fischklößchen, die mit Ei gebunden werden.

Tapenade
Olivenpaste

Tarte des demoiselles Tatin
„verkehrt" herum gebackener Apfelkuchen mit Karamell, eine Spezialität aus der Gegend um Orléans, die wir den Schwestern Tatin zu verdanken haben.

Tripes frites
frittierte Kutteln

DO SOMETHING YOU HAVE NEVER DONE BEFORE

Frühstück im Bett

Die Glieder sind kraftlos, das Auge kaum geöffnet. Weich schmiegen sich Laken und Kissen um den schlaftrunkenen warmen Körper. Jetzt aus dem Bett rollen, um im Angesicht wildfremder Menschen den ersten Schluck Kaffee zu sich zu nehmen? Mais non! In Paris hat sich ein Relikt dekadenter Lebensführung auf wundersame Weise erhalten: das Frühstück im Bett. Ihm haftet indes nichts Untugendhaftes an, im Gegenteil: Mit einiger Selbstverständlichkeit wird dem Wunsch Folge geleistet, den Morgen in größter Intimität auf dem eigenen Zimmer zu zelebrieren. Am Abend vorher sollte dieser Wunsch geäußert werden, dann steht zur verabredeten Zeit gegen ein kleines Aufgeld das Frühstückstablett schon vor der Tür. Und los geht's: Kissen hinter dem Rücken zurechtgeschoben, vorsichtig einen strategischen Ort zwischen den Laken für das Tablett gefunden, dann der genussvolle Biss ins vielleicht noch warme Croissant. Heftige Regungen sollte man vermeiden, aber die Aufgeregtheiten des anbrechenden Tages bleiben eh noch vor der Tür. Ganz sanft und gemächlich verflüchtigt sich der Schlaf ... bis einen dann die Vorfreude auf den Tag aus dem verkrümelten Bett treibt!

Paris ist Modestadt schlechthin. Haute Couture, coole Concept Stores, Kaufhäuser, kleine Boutiquen und Szene-Labels sind über die ganze Stadt verteilt. Hier finden Sie eine Auswahl an unwiderstehlichen Shopping-Straßen zum Kaufen und Genießen.

Rue du Faubourg Saint-Honoré

Unweit vom Louvre sind hier die topaktuellen Kollektionen der großen Modemarken versammelt. Namhafte Boutiquen und atemberaubende Ateliers von Dior, Gaultier, Yves Saint Laurent, Hermès und Chanel.

Palais-Royal

Unter den wunderschönen Arkaden lässt es sich wunderbar flanieren. Exklusive Vintage-Mode von Didier Ludot und Gabrielle Geppert neben Designern wir Marc Jacobs und Martin Margiela sind Verführung pur.

Marais

In der Rue Vieille du Temple und den kleinen Seitenstraßen lassen sich zwischen Galerien, Buchläden, Bars und Restaurants trendige Boutiquen mit einfallsreichen Kreationen junger Designer und individuelle Läden entdecken.

Rive Gauche

Im Viertel zwischen Boulevard Saint Germain und dem Jardin du Luxembourg konzentrieren sich die schicken ambitionierten Boutiquen von arrivierten Designern wie Gucci, Sonya Rykiel, Versace, Paul Smith vor allem in den Straßen Rue de Grenelle, Rue du Cherche-Midi und Rue de Saints-Pères.

Le Bon Marché

Das angenehmste Kaufhaus von Paris. Nicht zu groß, mit einer anspruchsvollen Auswahl aller Designer und trendigen Produkten für Shopping bequem unter einem Dach.

24, rue de Sèvres, Paris, 7e
Tel: 0033 (0)1 44398000

www.treeslbm.com
Montag – Mittwoch, Samstag 10.00 – 20.00 Uhr, Donnerstag und Freitag 10.00 – 21.00 Uhr

CONCEPT STORES

Spree

Die Inhaberin Roberta entdeckt auf ihren Reisen kreuz und quer durch Europa nicht nur (noch) unbekannte Modedesigner, sondern auch neue Designobjekte und -möbel. Damit ist das Angebot einzigartig in Paris, zumal es Dinge zu finden gibt, die durchaus noch erschwinglich sind.

16, rue la Vieuville, Paris, 18e
Tel: 0033 (0)1 42234140
www.spree.fr
Montag – Samstag 11.00 – 19.30 Uhr

Colette

Wer sich Mode und Lifestyle verschrieben hat, kommt um diesen Laden nicht herum. Das Angebot reicht von Damen- und Herrenbekleidung über Schuhe und Kosmetik bis zu Wohnaccessoires, Büchern und CDs. Nicht nur sind die Dinge, die es hier zu kaufen gibt, cool, trendy und sophisticated, der ganze Laden hat inzwischen Kultstatus. Wer angesichts dieses überwältigen Angebots schwächelt, kann im Kellergeschoss bei einem Glas Wasser und kleinen Snacks wieder zu sich kommen. Aber Vorsicht: Es gilt das richtige Wasser aus einem Angebot von 200 Wassersorten besonnen auszuwählen.

213, rue Saint-Honoré, Paris, 1er
Tel: 0033 (0)1 55 35 33 90
www.colette.fr
Montag – Samstag 11.00 – 19.00 Uhr

Merci

Das Konzept von Merci begeistert sofort. In dem großzügigen loftähnlichen Gebäude kann man nicht nur wunderbar shoppen, von den verkauften Produkten geht auch noch ein Teil an karitative Projekte. Über mehrere Etagen verteilt, werden Designerstücke (Isabel Marant, Paul & Joe, Stella McCartney, Acne), Möbel und Designobjekte, Kosmetik, Kinderkleidung und Blumen besonders schön in Szene gesetzt. Die Kollektionen sind teilweise mit nachhaltigem Ansatz und alternativen Produktionsverfahren exklusiv für Merci kreiert. Für eine Pause zwischendurch kann man entweder im Used Book Café mit seinen meterhohen Bücherwänden gemütlich Tee trinken oder sich im offenen Restaurant im Keller mit gesunden Snacks und Blick auf den grünen Garten wunderbar stärken

111, boulevard Beaumarchais, Paris, 3e
Tel: 0033 (0)1 42770033
www.merci-merci.com
Montag – Samstag 10.00 – 19.00 Uhr

AUSSERGEWÖHNLICHE LÄDEN

Deyrolle

Seit 1888 wurden hier Tiere ausgestopft und zur Schau gestellt. Und zwar nicht nur harmloses Kleinvieh, sondern veritable Raubkatzen, Eisbären, exotisches Federvieh und was sonst noch so kreucht und fleucht auf dieser Welt. Der Taxidermist Deyrolle belieferte Museen und private Sammlungen, heutzutage werden die Exponate gern für Filmproduktionen ausgeliehen. Und weil der Laden so überaus seltsam anmutet in seiner Mischung aus Kuriositätenkabinett und Naturkundemuseum, wurde hier auch schon mal ein Film gedreht. 2001 renovierte der neue Besitzer den völlig verstaubten Laden und brachte so einiges auf Vordermann. Und weiterhin kaufen eingefleischte Entomologen hier ihr Material, um Schmetterlinge für ihre kostbaren Sammlungen zu präparieren.

46, rue du Bac, Paris, 7e
Tel: 0033 (0)1 42223007
www.deyrolle.fr
Montag 10.00 – 13.00 Uhr und 14.00 – 19.00 Uhr, Dienstag – Samstag 10.00 – 19.00 Uhr

Astier de Villatte

Ländlich-rustikales Geschirr mit einem Hauch Bohème. Neben großen Schalen und Suppenterrinen, die einen Traum von einer großen Tafel zwischen Lavendelhainen erwecken, finden sich auch viele kleine, nostalgische Geschenke. Idyllisch, mit viel Patina präsentiert, bildet der Laden einen schönen Kontrast zu der glitzernden rue Saint-Honoré.

173, rue Saint-Honoré, Paris, 1er
Tel: 0033 (0)1 42607413
www.astierdevillatte.com
Montag – Samstag 11.00 – 19.30 Uhr

E. Dehillerin

Diese Auswahl vielfältigster Gerätschaften für eine non-plus-ultra-Küche kann beglücken. Zumal dieser Küchengroßhändler für Profiköche durchaus bereit ist, z.B. seinen Schneebesen in der Länge eines Unterschenkels an Privatpersonen zu verkaufen. Alles ist möglich. So muss man sich denn nur entscheiden zwischen Kupferpfannen in 40 verschiedenen Größen, allen nur erdenklichen Formen zum Kuchenbacken oder alptraumhaft vielen Messersorten. Aber wer durch die labyrinthischen Regale hindurch den Ausgang findet und mit dem Utensil seiner Wahl von dannen zieht, ist selig ...

18, rue Coquillière, Paris, 1er
Tel: 0033 (0)1 42365313
www.e-dehillerin.fr
Montag 9.00 – 12.30 Uhr und 14.00 – 18.00 Uhr, Dienstag – Samstag 9.00 – 18.00 Uhr

Cire Trudon

Ein wunderschön gestalteter Kerzenladen mit einer eigenen sehr geschmackvollen Serie aus Duftkerzen. Ergänzt wird das exklusive Programm von klassisch durchgefärbten Kerzen in allen erdenklichen Farben. Der ideale Ort für ein Mitbringsel für Freunde, die fast alles schon haben.

78, rue de Seine, Paris, 6e
Tel: 0033 (0)1 43264650
www.ciretrudon.com
Montag – Samstag 10.00 – 19.00 Uhr, im August montags geschlossen

ABTAUCHEN IM HAMMAM

Wer die müden Glieder ruhen lassen und Kraft für das Kommende tanken möchte, ist hier richtig. Das wunderbare, altehrwürdige Hammam ist an die Mosquée de Paris angegliedert, gleich hinter dem Muséum national d'Histoire naturelle. Männer und Frauen können sich an unterschiedlichen Tagen im warmen Dampf entspannen, die Alltagshaut abrubbeln und massieren lassen. Das ist kein Wellness-Programm westlichen Zuschnitts, sondern hier vermittelt sich neben sinnlichen Wohltaten orientalisches Flair. Gleichwohl von schicken Pariserinnen frequentiert, geht es hier nicht zimperlich zu. Ein echter Geheimtipp.

Hammam de la Mosquée de Paris
39, rue Geoffroy-St. Hilaire, Paris, 5e
Tel: 0033 (0)1 43313820
www.la-mosquee.com
Frauen: Montag, Mittwoch, Donnerstag, Samstag 10.00 – 21.00 Uhr, Freitag 14.00 – 21.00 Uhr
Männer: Dienstag 14.00 – 21.00 Uhr, Sonntag 10.00 – 21.00 Uhr

Im Preis von 38 Euro ist nicht nur der Eintritt inbegriffen, sondern ein Glas gesüßter Minztee, eine zehnminütige Massage, Seife und eine „séance gommage".

RAUS AUS DER STADT

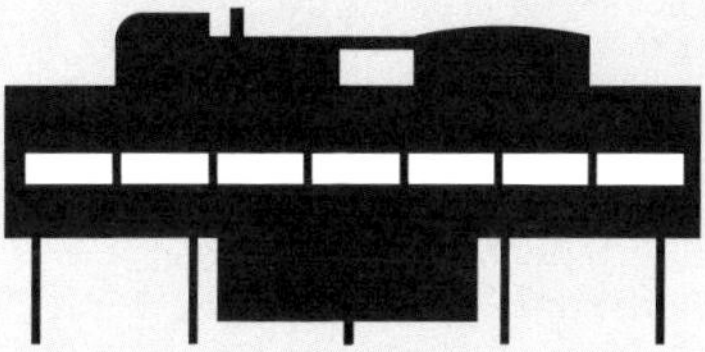

Villa Savoye
Le Corbusier entwarf diese großzügige Villa 1930 für das Ehepaar Pierre und Eugénie Savoye. Das Gebäude liegt auf einer hochgelegenen Wiese, die von schönen, zur Seine hin leicht abfallenden Laubwäldern begrenzt wird. Der Architekt hatte die Tatsache zu berücksichtigen, dass die Hausherren mit dem Automobil ins 30 Kilometer entfernte Paris chauffieren mussten und setzte kurzerhand die Villa auf Säulen, zwischen denen der Fuhrpark zu stehen kam. Die Villa Savoye gilt als eine der wichtigsten Bauten Le Corbusiers. Übrigens, falls Sie einen Gesellschaftsempfang ausrichten möchten oder gar eine Cocktailparty, können Sie die Villa gegen eine nicht unbeträchtliche Summe einen Abend lang Ihr Eigen nennen.

82, rue de Villiers, Poissy
Tel: 0033 (0)1 39650106
www.villa-savoye.monuments-nationaux.fr
Dienstag – Sonntag 10.00 – 17.00 Uhr

MAC/VAL
Kunst im Banlieue: Inmitten trister Wohnkasernen im Vorort Virty-sur-Seine liegt das Musée d'art contemporain du Val-de-Marne und bringt junge moderne Kunst in das sozial schwache Viertel und jede Menge Besucher. Herrlich entspannt geht es in dem 13.000 qm großen Gebäude und

seinem Garten zu. Die jungen Wärter mit ihren Baseball-Caps hacken auf ihren Gameboys herum, achten darauf, möglichst cool zu wirken, aber haben die über 1000 Werke dennoch im Blick. Die bieten ein who-is-who der Kunst seit den 50ern und zahlreiche Neuentdeckungen. Ein Besuch lohnt sich auch wegen des Restaurants Le Transversal, das eine phantastische Bistroküche hat, Verkostungen mit Künstlern anbietet, Lunchpakete für ausgedehnte Museumsbesuche und Gerichte passend zur jeweiligen Schau.

Place de la Libération, Vitry-sur-Seine
Tel: 0033 (0)1 43916420
www.macval.fr
Dienstag – Freitag 10.00 – 18.00 Uhr,
Samstag und Sonntag 12.00 – 19.00 Uhr

JOGGEN IM JARDIN DU LUXEMBOURG

Es ist nicht leicht, in Paris eine Strecke zu finden, auf der man entspannt joggen kann, denn überall in der Stadt ist es eigentlich voll, der Verkehr ist dicht, und zusammenhängendes Grün gibt es relativ wenig. In dem weitläufigen Garten rund um das feudale Palais du Luxembourg im 6. kann man schon früh morgens seine Runden im Grünen drehen. Der Park ist schön lebendig, von Tennisspielern bis zu Kindern, die mit Schiffchen auf dem „Grand bassin", spielen. Am Ende können Sie sich dann bei Sadaharu Aoki mit einem köstlichen Grüntee-Eclair belohnen, denn die Pâtisserie liegt in der nächsten Straße 35, rue de Vaugirard.

Jardin du Luxembourg
Boulevard Saint-Michel, Paris, 6e

MIT DEM FAHRRAD DURCH PARIS

Paris mit dem Fahrrad zu erleben ist herrlich. Und seit es Vélib gibt, ist es besonders einfach, spontan ein Rad zu leihen, 20 000 Räder sind über ganz Paris verteilt. Das System ist simpel und günstig: Man zahlt eine Leihgebühr von 1 Euro pro Tag und darf dann jeweils eine halbe Stunde lang gratis fahren. Die Räder können an jeder beliebigen Station entnommen und wieder abgestellt werden. Das System ist so beliebt bei den Parisern, dass „vélib" mittlerweile auch als Verb in die französische Umgangssprache aufgenommen wurde, sogar bei Adressenangaben gibt es immer häufiger einen Hinweis auf die nächste Vélibstation.

Wichtig: Um sich ein Fahrrad zu leihen, brauchen Sie eine Kreditkarte mit der dazugehörigen Geheimzahl.

Tel: 0033 (0)1 30797930
www.velib.paris.fr
Preise: 30 min. gratis,
1 Tag = 1,70 Euro, 7 Tage = 8 Euro

BUCHTIPPS

Djuna Barnes,
Paris, Joyce, Paris
Die exzentrische Autorin beschreibt das Paris der 20er Jahre. Djuna Barnes begann ihre literarische Karriere als Journalistin für New Yorker Tageszeitungen und ging 1922 als Korrespondentin nach Europa. In Paris war sie lange Jahre Mittelpunkt literarischer und künstlerischer Zirkel. Sie beschreibt ihre Eindrücke des Pariser Chic, ihre Beobachtungen der Bohème und berichtet von den Treffpunkten der ‚lost generation'. Und entwirft ein wunderbares Porträt des irischen Schriftstellers James Joyce, dem sie in Paris begegnete.

Karlheinz Stierle,
Der Mythos von Paris
Unzählig viele Schriftsteller, Dichter und Literaten haben über Paris geschrieben. Dieses Buch bietet eine kenntnisreiche Geschichte der Paris-Literatur von ihren Anfängen bis zu Baudelaire. Ein Beitrag zur Geschichte der französischen Literatur und zur europäischen Stadtkultur und zugleich ein wunderbarer literarischer Spaziergang durch Pariser Orte und Zeiten.

FILMTIPPS

Paris, je t'aime
Eine Hommage an Paris und seine 20 Arrondissements, die von bekannten Regisseuren in kleinen Episoden auf den Punkt gebracht werden. Paris als mythische Stadt der Liebe: Die Kurz-

filme mit internationaler Starbesetzung spiegeln das ganze menschliche Spektrum dieser wunderbaren Metropole wider.

Außer Atem (À bout de souffle)
Regie: Jean-Luc Godard
Ein Klassiker des französischen Kinos von Jean-Luc Godard, basierend auf einer Geschichte von François Truffaut, die wiederum aus einem Zeitungsbericht über einen Polizistenmord entstand. Der von Jean-Paul Belmondo gespielte Gauner Michel ist mit einem gestohlenen Luxuswagen auf dem Weg von Marseille nach Paris, als er zufällig in eine Kontrolle gerät und bei der anschließenden Verfolgungsjagd einen Polizisten erschießt. Patricia, eine amerikanische Studentin und Michels Geliebte, hilft ihm unterzutauchen. Nach der gemeinsam verbrachten Nacht verrät sie ihn jedoch an die Polizei. Michels letzte Worte sind: „Es ist wirklich zum Kotzen." und nicht wie in der deutschsprachigen Version irrtümlich übersetzt: „Du bist wirklich zum Kotzen." Im Mittelpunkt des Films, der 1960 auf der Berlinale mit dem Silbernen Bären für die beste Regie ausgezeichnet wurde, steht dabei bereits der Tod, ein Lieblingsthema Godards.

PARISER PERSÖNLICHKEITEN

Coco Chanel (1883 – 1971)
Eine der bekanntesten französischen Modeschöpferinnen des 20. Jahrhunderts und Begründerin des Chanel-Imperiums. Sie schaffte das Korsett ab, erfand das ‚Kleine Schwarze' und kürzte die Röcke auf eine skandalöse Länge ... knapp unterhalb des Knies.

François Truffaut (1932 – 1984)
Ihm verdanken wir einige der wunderbarsten Filme der Filmgeschichte. Zusammen mit Jean-Luc Godard gehört er zu den Hauptvertretern der Nouvelle Vague.

Serge Gainsbourg (1928 – 1991)

Als skandal-umwitterter Chansonnier, Komponist und Schriftsteller beeinflusste er nachhaltig die französische Literatur und Filmgeschichte. Legendär auch seine Beziehung zu der britischen Schauspielerin und Sängerin Jane Birkin.

WICHTIGE INFORMATIONEN

Tourist Office:
127, Avenue des Champs-Élysées,
Paris, 8e
Tel: 0033 (0)1 49525354
Täglich 9.00 – 20.00 Uhr

City-Websites:
www.parisinfo.com

Telefonieren:
Frankreich: 0033
Paris: (0)1

Transport Flughafen:
Mit dem Taxi
Charles de Gaulle:
ca. 40 min./40 Euro
Orly:
ca. 40 min./40 Euro

Mit dem RER-Zug aus beiden Richtungen etwa 1 h/8 Euro

Mit dem Roissy-Bus
Charles de Gaulle – Paris Opéra
ca. 45 min./7,32 Euro

Taxiruf:
0033 (0)1 47394739
0033 (0)1 45858585

Fahrradverleih:
Vélib-Räder sind über die ganze Stadt verteilt und können zu jeder Tages- und Nachtzeit entliehen werden. Weitere Infos S. 108

Stadtmagazine:
Zurban
Numero

MEIN PERFEKTES WOCHENENDE

Freitag: Pull & Bear
50-56 rue Caumartin
Saint-Lazare/Grands Magasins
Eclo
28 bd Sebastopol
Cos 3 rue de Grenelle 6e

Samstag:

Sonntag:

NOTIZEN

NOTIZEN

NOTIZEN

NOTIZEN

NOTIZEN

Brandy Melvil rue de Rennes, 71

LUST AUF DAS WELTWEIT BESTE?

NOTIZEN